Koshishon Ke Darmiyaan

Not there yet

Akansha singh

BookLeaf Publishing
India | USA | UK

Made with ❤ on the BookLeaf Publishing Platform
www.bookleafpub.in
www.bookleafpub.com

Dedication

This book is for anyone who is trying to figure life out –
one step at a time.
For those who feel deeply.
For the ones who dare to believe they can,
even when nothing around them guarantees it.
For people who are moving forward despite fear,
learning, failing, trying again – without fully knowing
where the path leads.
And also, in many ways, for the younger version of me
who didn't know that confusion, doubt, and uncertainty
are a normal part of growing and for the older version of
me, who I suspect might forget the same someday.
I have written this so that you and I never feel
completely lost again.
And if we ever do, we remember where we can return.
Most importantly – if you dare to dream,
this book is for you.

Preface

If you picked up this book because the title felt strangely personal —
as if it might be meant for you, or like a quiet sign from the universe itself —
then I'm glad you're here.

To be honest, I didn't sit down one day and decide to write a book.

These poems were written over the last two years
during moments of clarity, confusion, exhaustion, hope,
and sometimes simply because my mind felt too full and I needed somewhere to place my thoughts.

For most of my life, I tried to be practical about everything.

I chose a path that looked ambitious, stable, and worthy of pride, something I imagined I would one day show the world like a trophy and say, *look, this proves I am worthy.*

But when I kept failing to win that very trophy — the one I believed defined my worth — it was words, and eventually poems, that held me together.

What you hold in your hands is not just a book. It is the most honest part of my heart —
shared with the hope that it might sit beside you during moments,
when life feels uncertain,
when you question the path you are on,
when you feel alone or left behind,
or when you simply need one small ray of hope to keep breathing through the moment.

You'll notice that the poems move between Hindi and English.
That shift is intentional.
Some feelings arrived in Hindi, some in English, and translating them would have taken away a part of their honesty.

I invite you to read them not through the language alone, but through the emotion behind the words

.
The book also follows an emotional journey
from doubt and ambition, to collapse, rebuilding, faith, acceptance, and beginning again.

You don't have to read it in order. You can open any chapter depending on what you are feeling in that moment.

If you find pieces of yourself in these pages, then this book has done what it was meant to do.

I hope the dreams you carry in your heart find their way into reality.
And while you walk that journey,
I hope these words can sit beside you quietly reminding you that you are not alone.
Just like they once did for me.
And still do.

Leaving a piece of my heart here for you.

Akansha

Between who we are and who we hope to become,
there are only attempts

Acknowledgements

I am deeply grateful to my parents for their constant support and belief in me, even during the phases when I struggled to believe in myself. That sense of grounding is something I value far more than words can express.

I also want to thank the people who played a meaningful role in this journey and gently encouraged me to turn these words into a book.

Firstly, **Dolly Agrawal** — thank you for the light and energy you bring into my life simply by being yourself. You may not realize how much that matters, but it truly does.

Secondly, **Aman Vishwakarma** — thank you for your support, your perspective, and the many conversations that helped me see things more clearly along the way.

My uncle, **Devendra Singh** — without your support this book might never have come into existence. Thank you, Mama, for being there.

And **Mahi**, my eleven-year-old sister — thank you for your patience while I was busy with this book and for quietly understanding how important it was to me. I adore you.

All of you played a part in turning something that once felt like a distant dream into a real book.

And finally, I want to thank the version of myself that kept going — the one who had many reasons to stop, doubt, or give up, but continued anyway.
Without that persistence, this book would not exist.

Thank you for staying.
And thank you for trying — even on the days when it felt pointless.

INDEX

PART I – CONDITIONING

The life we start living before we even choose it

PART II – INTERNAL CHAOS

When the noise inside becomes louder than the world outside

PART III – DESIRE & AMBITION
The hunger that refuses to stay quiet

PART IV – COLLAPSE & QUESTIONS
When everything breaks – and deeper questions begin

PART V – REBUILDING BELIEF
Discovering strength that was always there

PART VI – FAITH & SURRENDER
When effort meets trust

PART VII – ACCEPTANCE & PEACE
Learning to stand with yourself

PART VIII – BEGINNING AGAIN
Because every ending is also a doorway

Chapter 19 - आगाज़...

PART I – CONDITIONING

The life we start living before we even choose it

1. कुछ तो लोग कहेंगे लोगों का काम है कहना

की जाती न जाने कितनी बातें मेरी पीठ पीछे,
काश सही-गलत का आकलन करता ये समाज,

समझता सही और गलत के बीच का अंतर।

अज़ीज़ चीज़

जो चीज़ मेरे दिल को अज़ीज़ है
वो मुझे तबाह कैसे कर सकती है?
और जो कर दिया उजाड़

तो उससे ज्यादा अज़ीज़ चीज़ क्या हो सकती है?

विकलांग पुरुष

दूर रहना उस इंसान से,
डर ने जिसे जकड़ा है,
समाज का वो अधमरा सा पुतला है,

तन से है हष्ट-पुष्ट
और अंतःकरण से है विकलांग पुरुष।

दायरे

मैं सोचती हूँ
की जो आज महान हैं
जिनके नामों की हर जगह मिसाल हैं

क्या होता अगर वो दायरे में जीना सीख जाते?

समझ

कहना तो सबसे आसान है मेरे लिए,
बात तो आपकी समझ पर आकर रुक जाती है।

दुख

हद तो तब हो गई
जब मैंने अपना पूरा दुख कह दिया
और आपको दुख इस बात का हुआ

कि मैंने दुख कह दिया।

2. अपनी खुशी भूल कर जग को हँसाया मैंने

कदम उठाया अपनों को खुश करने के लिए
पता ही नहीं चला

जिंदगी गुजर गई अपनों को खुश करने के लिए।

सवाल

आप जो कहोगे मैं वैसा कर जाऊंगी,
पर मेरे सवालों का मैं जवाब आपसे चाहूंगी,

जो अगर न रही खुश मैं
तो मेरी मुस्कुराहट की कीमत कैसे चुकाओगे?

मेरी आँखों की चमक कैसे लौटाओगे?

और जो मेरी जिंदगी तुम मुझसे ही छीन ले जाओगे,
उसके बदले तुम मुझे क्या देना चाहोगे?

खुद को कैसे पकड़ोगे?

हर लफ्ज़ को अगर इतना पकड़ोगे
तो औरों से कितना रूठोगे?

दूसरों को इतना जकड़ोगे,

तो खुद को कैसे पकड़ोगे?

3. सपने क्या सच मे ये मेरे है?

अगर खौफ न खाऊ तो क्या करूं?
आज उन्होंने कुर्बानी मेरे समय की माँगी है,
कल वो जिम्मेदारियों का वास्ता देकर

मुझसे मेरी ज़िंदगी मांग लेंगे।

बचपन

बचपन को लगता था
कि बड़े होने पर ज़िंदगी आसान हो जाती है,

मासूम को ना पता था
कि ज़िंदगी मुख्लिस मुलाजिम,

जिम्मेदारी और समाज की हो जाती है।

सपनों का मतलब

कैसे समझाऊं मैं उन लोगों को सपनों का मतलब
जो भूल चुके हैं,

सपनों का मतलब।

बीच का दौर

अंत मेरे हाथों में है ही नहीं
शुरुआत मैने की ही नहीं
और जो बीच का दौर है,

वो समाज के हाथों की डोर है।

हार न जाऊँ

सही गलत के खेल में कुछ इस तरह न फंस जाऊँ
डर इस बात का है
की तथा कथित मंजिल को पा लेने के बाद भी,

मैं हार न जाऊँ।

4. या दूसरों को दिखाने के लिए ये गहने है?

जब छोटी थी तो लगता था
की अगर उस नामुमकिन को मुमकिन कर दिया
तो आजाद होकर सब अपने मुताबिक करूंगी

मेरी आजादी दफ्न हो गई
उस नामुमकिन को मुमकिन करते-करते।

सपने

कैसे पता चलता है
कि सपना आपका ही है?

कि ना वो किराए का है
ना किसी अंग्रेज का
कि ना वो सिर्फ दिखावे के लिए किया हुआ सफ़र है
ना खुद को बड़ा दिखाने के लिए झूठा श्रम

ना है ये कोई त्याग अपनों के लिए
ना अकेले छूट जाने के डर से बुनी हुई साजिश

कैसे पता चलता है कि सपना आपका ही है?

ना है नादानी में किए गए वादे का
ना है औकात बताने के ताने का

ना फोन पर दिखी गाड़ियों का
ना ऐशो आराम की तालियों का

ना चीज़ों का,

ना लम्हों का,
ना अपनों का,
ना परायों का,

सिर्फ आपका,
सिर्फ आपका।

कैसे पता चलता है,
कि सपना

आपका ही हैं?

PART II – INTERNAL CHAOS

When the noise inside becomes louder than the world outside

5. क्यों मै जागूं...

मुझे डर है
कि मेरी कोशिशें मुझे नहीं बचा पा रही हैं

एक भूख है
जो खत्म ही नहीं हो पा रही है
रास्ता ढूंढने के बावजूद जो बस मुझसे दूर होती जा रही है

हाथों की लकीरें अगर पढ़ने आती मुझेतो शायद समझ पाती कि ये
ज़िन्दगी मुझसे क्या चाह रही है

ये ज़िन्दगी मुझसे क्या चाह रही है.

This shall pass too

Sometimes everything simply sucks
And I feel like nothing is ever gonna work

The least I know that it is not true
This moment shall pass soon

The thoughts tremble me
My own body feels like a cage to me

I wish this wasn't true
The least I know this shall pass too.

You never had

Sometimes
you are going to lose like you never had
You are going to break like you never had
You are going to fall like you never had

You will feel broken
like you can never mend

You might feel like shit
but you can't let it slip

You would want to run
but your legs will get firm

You would want to yell
but your voice gets dead

You would want to cry
but you will bite your fingers
To dry your eyes

You wish -you can yell
You wish - you can tell
You wish - you can cry
like the newborn baby
without a sigh

But wishes will be dead
And
You will be unaware of what the road holds ahead

In moments like those
be pure
And try to cure it all

For it may not happen today
But if you will give up
It will not happen at all.

Breathe

There will be days

when you are going to feel lonely
when you are going to feel like no one cares
when you are going to do mistakes

but

it's only when you feel the most lonely soul
only then you will peel another layer of your role

It's an opportunity for you to unpeel
all of it that is needed to be peeled

and allow that new form to breathe.

Choose to be the one

At times you are going to doubt

Even when it seems like you are shining
The doubt has the power to make you shout

Silently inside the maze
Where nobody hears
And
You will feel
Like nobody cares

And maybe it's true
I mean
Why would it be duty of others to ensure
You are feeling like safe and cool?

It's not theirs,
It's your own.

Genuine people exist

It's just that they are minority on the list

Everyone is stuck in their head
Trying to ensure
That they have a perfect image

In front of people
Who hardly care about them

In front of themselves
Not knowing they are losing everything in this process

It's hard to make everyone believe
The beauty of authenticity

But when it comes to you
Choose to be the one
You can be happy with

Even when no one is sitting
beside you.

Take a pause

At times it seems like the world stops
things get meaningless
for my heart to hold

The race gets heavy
and I'm tired
wishing to withdraw

But I'm in mid of the game
so I cannot

the solution seems pretty easy
organize your thoughts
journal your talks
more than anyone
focus just on your growth

the truth is
no one gonna stay forever
but you my jaan

you have to stand near the mirror

ask questions
and deliver the answers
every time your heart
anticipates a fear

I know this seems
harder than the previous levels
but wasn't this the goal?
to reach the next level?

You wouldn't have been here
if you couldn't afford to bear
but you have all the power

and that's why you are

here.

Full of an ocean

I know it feels like when will
it get over?

It feels like my chest is full of an ocean
which was waiting for long
to blossom

but didn't got a chance
ever enough yet
and now the water is just
not the same

The freshness has gone
The excitement mourned

I'm trying not to fall
but I'm unable to understand
why I cannot

How did I ended up here?

How did I?

I dreamt it all
Practiced, revised and what not
but all I feel was left alone in the race
I don't remember signing up for

What am I good at
is the question remains
I am bearing the weight of my failures
like it is all I have

but that's not the case
yes the upheaval is real
and the emotions every night
make me feel the failures

yet I'm not a sinner
and I'll prove it one day
that I have it in me
to turn my dreams into real

maybe this is the story that the universe
wants me to live

Maybe there is a loop of wins
waiting for me to rinse my sins.

6. इलाही मेरा जी आये आये...

मुझे पता है
नहीं होती है चीजें

रुक जाने का मन करता है
हर एक घंटे
तेरे अंदर से ये डर बोलता है

आवाज़ें गूंजती है कानों में
रोना सा भी आता है

किस्से करूँ मै सवाल
किस्से मांगू मैं जवाब

हर एक के पास है उनकी खुद की भड़ास

Believe

Somedays your best decisions will haunt you
like it was the worst of all

Somedays you wouldn't want to believe
if there is any potential at all

Somedays you are going to roll over to your past and feel
the pain again
like you never got past that at all

Believe in yourself when that happens with you
because you have worked on those parts,

the most.

पहचान

हर दिन अगर सुनहरा हो
तो सुनहरे की पहचान कैसे करोगे?

हर इंसान अगर गहरा हो
तो गहरे का सम्मान आखिर कैसे करोगे?

रात को आँख बंद कर अगर सुबह खोल लिया

तो दुनिया अब भी आपकी है
और आप अब भी दुनिया के
इस बात से बड़ी बात

आखिर अब और क्या कहोगे?

7. मैं ज़िन्दगी का साथ निभाता चला गया..

"Who am I?"

Who am I?
Who am I not?

The meaning is useless
If I'm doing what I must not

If I'm pursuing the thing I don't want

If I'm pushing things beneath my soul

If I'm doing to portray the greatness I hold

If I'm doing not to pour and absorb it all
But to earn some points that I don't care the most

Who am I?
Who am I not?

The meaning is useless
If I'm doing what I must not.

A part in you

A part in you
Love the darkness you're in

It enjoys the sympathies
That people give

You might loathe it
But the part loves it

Watch out that part
Free yourself of that part.

आलम

की क्या करूं इन खताओं का
जो मुझसे हर बार हो जाती है

कोशिश हजार होने के बावजूद
जो मुझपर सवार हो जाती है

मै तो काबिल होना चाहती थी न
क्यों भागने लगी हूं फिर खुद से?

देख मौका मारती चौका
दे देती समय को धोखा

किसका नुकसान है यहां पर
कौन मुजरिम कहलाएगा?

जो न लिख सकी मै अपनी दास्तान
शिद्दत से इन रातों में
तो आलम ये मुझे सताएगा

कर सकती थी कितना कुछ

पर कर-कर भी सिर्फ
नुमाइश ही कर पाई

अब आलम भी सच है या झूठ
इस पर से पर्दा कौन हटाएगा?

मुस्कुरा दूंगी अगर चार बार
तो शायद आलम भी छुप जाएगा

पर जो दिखेगा नहीं किसी को
वही तो मुझे खा जाएगा,

वही तो मुझे खा जाएगा।

Mistakes

You are going to make mistakes
and those mistakes will have consequences

Even though you are good at burning the bridges
the aftermath will haunt you

until you fully accept it,
until you allow yourself the permission to make
mistakes,
until you accept yourself with that mistake.

8. सफ़र खूबसूरत है मंजिल से भी..

रास्ता हमेशा सुनसान रहेगा
मंजिल हमेशा वीरान रहेगी
दूर से भीड़ भरपूर लगेगी
राह पर चलने लगोगे
तो इंसानों की कमी खलेगी

वो जो स्पष्टता थी अंदर
वो भी कहीं छुपेगी

बहादुरी से उठाए गए कदम
तुम्हें बेवकूफी लगेंगे
पूर्णतावाद की स्थिति
तुम्हें जकड़ने लगेगी

आसमान खुला होने के बावजूद
तुम्हें सांसों की कमी लगेगी

रास्ता हमेशा सुनसान रहेगा
मंजिल हमेशा वीरान रहेगी

दूर से भीड़ भरपूर लगेगी
राह पर चलने लगोगे
तो इंसानों की कमी खलेगी

सवाल जो तुम्हारे भीतर थे
वो जवाब होते हुए भी उलझ जाएंगे

कर्ण - कर्ण निखारने के चक्कर में
पत्थर पत्थर ही रह जाएंगे

तुम देख तो पाओगे मूर्ति उसमें
पर हाथ बढ़ा बना नहीं पाओगे मूर्ति उससे

खुद के अहंकार को संतुष्ट करने हेतु
तुम हाथ पैर तो बहुत चलाओगे

पर ये भूल जाओगे

कि मूर्ति बनाने के लिए
मस्तिष्क में स्थिरता की जरूरत होती है
हाथों में छेनी की जरूरत होती है

पैरों को तो चलाना ही नहीं होता
आंखों में निश्चलता की जरूरत होती है,

आंखों में निश्चलता की जरूरत होती है।

मैंने लोगों को बदलते देखा है

मैंने लोगों को बदलते देखा है
तालियों की गूंज में घूमते देखा है
जान को अंजान होते देखा है
आलीशान बंगले में भी उनको अकेला देखा है

दोस्तो की भीड़ में भी उन्हें चमचमाता देखा है
हार जीत की तलाश में खुद को खोते देखा है

हर बात पर सही होने की होड़ में उन्हें जीतते देखा है
अपनों को खोते हुए भी
उन्हें और खोते देखा है

आसमान जमीन पर उतारने के बावजूद उन्हें निराश देखा है
और सब पा लेने के बावजूद उनकी आँखों को खाली कमरे सा वीरान
देखा है,

मैने लोगों को बदलते देखा है।

PART III – DESIRE & AMBITION

The hunger that refuses to stay quiet

9. सफ़र में धूप तो होगी, जो चल सको तो चलो

पहाड़ तोड़ना हर किसी के बस का काम थोड़ी होता है

माना मुश्किल ज्यादा है
माना हाथों से खून भी आ जाता है

कभी पेट भरता
तो कभी रह जाता है

पर बिन पहाड़ तोड़े
मुझे जीना भी कहाँ आता है?

मुश्किल राह

माना राह मुश्किल है
माना चलना भी हो रहा नामुमकिन है
पर इतना दूर आकर हार मान जाऊ,

भला ये कैसा गणित है?

मलाल

कोशिश जब तुम यूं करने जाओगे
तो नहीं आसान ये राह होगी

जितनी सुनहरी लगती है ये मंजिल
उससे कई ज्यादा जटिल
हर दिन का मंजर होगा

जीत हों न हो
शक जरूर होगा

जवाब मिले न मिले
लेकिन सवाल हर दिन बढ़ेंगे

ऐसे कई पल होंगे
जब रुक जाने का मन होगा
छोड़ सब घर जाने का मन होगा

वो घर जो तुम खुद में बनाना चाहते हो
उसे दूसरों में खोजने का मन होगा

सुन मत लेना तब खुद की तुम
छोड़ मत देना अपने सपने यूं

लावारिश तो बच्चे भी पल जाते है
सपने भी तुम्हारे कोई अपना बना ही लेगा

लेकिन जिस दिन तुम उस सपने को असल में देखोगे
अपना होते हुए उसे किसी ओर के बगल में देखोगे

उस दिन ये मलाल रह जाएगा,
जो जिंदगी भर तुम्हे खाएगा,

जो जिंदगी भर तुम्हे खाएगा।

10. क्या तू सच में हारना चाहती है?

जो तू हार मानना चाहती है
क्या तू सच में हारना चाहती है?

आई जो तू इतना दूर
वो सिर्फ डर की वजह से पीछे छोड़ना चाहती है?

गलती तुझे तेरी दिखती है
उन गलतियों की वजह से न जाने कितने तकिये भिगोती है

एक बात बता,
क्या तू सच मे भरोसा माधव पर करती है?

चाहत

चाहत अगर तुम करोगे
तो मुकम्मल भी हो जाएगी

पर अगर कोशिश ही नहीं की
तो फिर वो रात सुनहरी कैसे आएगी?

माना मुश्किल है
मेरा सब कर पाना कहाँ मुमकिन है?

पर अंश हूँ भगवान का मै

अब कैसे मानूं की चीजें नामुमकिन हैं?

11. सीमाहीन

Pushing the limit to the limit undefined
is the way to find.

But if the limit is undefined
then is it underlying or
maybe it can leave you dying?

"Push people away to reach the greatness"

But is it really the greatness
or the limit of madness ?

Passionate
or obsessed ?

Mad
or dead ?

until you finally reach
the limit undefined..

The line?

There is no line-

That's the irony of the life

You can go and go and go
and might die to satiate the hunger
but the hunger
will still linger

Push to the limits and beyond that

because you never know
if that is truly a limit or
another trick by your mind
to fit in the bricks.

Run.

Run
and run

Because life is a race

And tum?

Tumhe toh ye bhi nahi pata ki tum ghode ho ya mor
Hoshiyaar ho ya kalakar ho
Insaan ho ya insaan ke rup mai mitti se bana armaan ho

So run, because people don't care who you are
Until and unless you decide to fight your own war

And even if the race is defined
The finished line is yet not.

So you must run -

Run till you lose all of it or you earn more of it.

Run till you can't breathe
Run till the moment blood flows out of your skin
Run till you become almost that thing.

Run and run and run.

Life is a run.
You are born not for fun
But maybe?
Maybe for greatness?

And you are trying to deny it by sitting on the couch of your flatmate!?

Run because if you stop
you will simply become another person in the crowd

Run
even when you are not sure
whether it will make a difference

Run
because it might be..

Run
because you never know...

Run
because the limit is not what you have written....

Run
and run
and run

And the line-?

There was never one.

PART IV — COLLAPSE & QUESTIONS

When everything breaks — and deeper questions begin

12. तुझसे नाराज नहीं ज़िन्दगी..

की जब किसी दिन
तुम कोशिश करके भी हार जाओ
तो घर लौट आओ
और खुद पर इत्मीनान बरतो

की वो बिखराव ही तुम्हारे जीने का सबूत है,
और तुम्हारा बार बार हारना
इस बात का की तुम अब भी नहीं हारे,

तो जब कभी हार जाओ,
थक जाओ,
अंदर की जंग में फस जाओ
तो घर लौट आओ,

और खुद पर इत्मीनान रख
थोड़ा सा
ठहर जाओ।

13. क्या मैं फिर भी खुद को चाहूंगी?

"चाहत" (Question)

किसी दिन अगर नहीं मिला
तो क्या करेगी?

हर एक सपना जो देखा
वो नहीं पूरा हुआ
तो क्या बनेगी?

चाहते जो इतनी पाल रखी है
और जो जिद्द इतनी बांध रखी है
किसी दिन हार गई
तो क्या करेगी?

और कुछ न बन पाई
तो क्या बनेगी?

"चाहत" (Answer)

फिर कोशिश करूंगी

जो नहीं चल पाई
तो लंगड़ा कर ही सही
फिर कदम उठाऊंगी

सपने मैं नए देख लूंगी

जो कुछ नहीं बन पाई
तो कुछ नया करूंगी

मैं फिर लिखूंगी
दास्तान अपनी
हार को गले फिर लगाऊंगी
बैठा उसे पास अपने
इत्मीनान से सारी गलतियां सुनाऊंगी

मैं सपनों से नहीं
सपने मुझसे है
तो आसमान मैं नया बनाऊंगी

और फिर उसमें अपना आशियां बसाऊँगी

चाहतों को अपने फिर बढ़ाऊंगी
जिद्द अपनी न गंवाऊंगी

जिस दिन हार गई
उस दिन फिर एक बार जीत जाऊंगी

और कुछ न बन पाई तो न सही
पर कोशिश तो मैं फिर भी करना चाहूंगी,

कोशिश तो मैं फिर भी,
करना चाहूंगी।

जिंदगी बहुत बड़ी होगी

जिंदगी बहुत बड़ी होगी

अगर तू हर रोज
खुद को खोजने अंधेरे में निकलेगी

अगर तू हर बार रोशनी में भी आँखें बंद करके चलेगी,
तो गिरेगी
और भिड़ेगी
हालातों से, रिश्तों से और न जाने कितनी ज़िल्लतों से

और दुख इस बात का नहीं होगा
कि तू गिरी, भिड़ी या जिल्लतों से मिली
दुख इस बात का होगा
कि तू गिरकर, भिड़कर, जिल्लतों से मिलकर भी
खुद से ना मिली

चुनी तूने राह कठिन
पर चुनकर भी क्या तू चुन सकी?

भूख तेरी बड़ी है

फिर क्यों शेरनी मेरी घास खा रही है?
आँखें बंद कर क्यों तू खुद से दूर जा रही है?
कोशिशों से हार नहीं मानती
पर क्या सच मे कोशिश कर तू उस पार जा रही है?

भ्रम नहीं मुझे तेरी काबिलियत पर
पर शक हो जाता मुझे
जब आँखें बंद हो तेरी,
तेरी गुस्ताखियों पर

ये जो बीच मझधार में छोड़ खुद को
देखती नजारा मंजर का
धोखा है तेरी आंखों का
या सपना है बचपन का?

पकड़ हाथ अपना
बचा ले खुद को
कब तक कैद रखेगी सांसों को

अब नहीं तो कब करेगी पूरी

अपनी चाहतों को?

14. पाने के बाद क्या होगा?

जब जब बैठूँ तब एक नई कहानी खुल जाती हैं
ना बैठूँ तो पूरी दुनिया ही अंजानी समझ आती हैं

क्या है सही
कहां है वो ज़मीं
जिस पर चलते ही मैं पा लूँ दुनिया की सारी खुशी?

पर सवाल ये है कि
खुशी पा कर भी खुश होंगी क्या?

जो नहीं होने पर कुछ नहीं हूँ खुश
सब पा कर खुश होंगी क्या?

चीज़ों में फस गई तो?
खुद में ही उलझ गई तो?
कौन सुलझाएगा इस पहेली को?
पाने के बाद क्या होगा?
खुशियों से भरा आसमान होगा
या मुस्कानों के बावजूद एक नया सन्नाटा होगा?

सोचने वाली बात नहीं हैं?
जिस हिसाब से हम भागते है
दुनिया की इस होड़ में
पा लेना हम सब कुछ चाहते हैं,

पर पाने के बाद क्या होगा?

PART V – REBUILDING BELIEF

Discovering strength that was always there

15. संशय

तुम्हे शक़ होगा
अपनी काबिलियत पर तुम्हे बेमतलब ही भ्रम होगा
जब जब तुम कदम बढ़ाओगी अपने सपनों की ओर
तब तब मन तुम्हारा आशंकाओं से घिरा होगा

क्या मैं ये करने के काबिल हूँ?
या सिर्फ झूठा अहम है काबिलियत का?

क्या सच में मैं कर सकती हूँ सपने पूरे,
या बस वहम है मेरे मन का?

वो जंजीरें जो तुमने तोड़ी थी कभी
फिर लगेगा कि वही सीमाएँ है
तुम्हारी सच्चाई आज की

मन तुम्हारा फिर भारी होगा

पर जो उस पल तुमने कदम फिर भी उठाया
तो असल मै साहसी तुम्हारा कार्य होगा

क्योंकि
कर्म पर ही है अधिकार तुम्हारा
फल नहीं हैं मुख्य कारण

तो
शायद सच हो तुम्हारा डर
शायद सच हो तुम्हारा शक
और भले ही वहम हो ये तुम्हारा
की तुम कर सकती हो कुछ अलग

पर कदम फिर भी उठाना
टूट गया अगर ये भ्रम
तो सीख समझ इसे गले से लगाना

डर को मत बनाना आधार
अपने जीवन के कर्मों का मेरी जान

क्योंकि जो मान ली हार
और मान लिया उस हार को ही अपना जीवन मार्ग

तो जान ही नहीं पाओगी तुम
अपना सत्य
और अपने इस जीवन का महत्व।

16. मैं तो सुपरमैन...

जादू जो तुझमें है
वो कहा किसमें है
तू कर ले विश्वास अगर,

तो शिव भी तो तुझमें है।

संरचना

जो कहते है मुमकिन नहीं
पत्थर से फूलों का उगना
वो कहेंगे एक दिन
हमने ही तो की थी,

इस पत्थर की संरचना।

कोशिशों का इतिहास

जो दूर है आज मुझसे
वो कल मेरे पास होगा
मानो न मानो,

मेरी कोशिशों का भी इतिहास होगा।

PART VI – FAITH & SURRENDER

When effort meets trust

17. कृष्ण...

शब्दों के जाल में फस ना जाऊँ मैं
लोगों के लोभ में खो ना जाऊँ मैं

सोने की चाह में गवां ना दूँ चांदनी अपनी
मैं हिमायतों में खो ना दूँ गहराई अपनी

लोभ से मुझे बचा कर रखना
हिमायतों से ज़ुदा कर रखना

खोने का डर भी ना हो
पाने की अभिलाषा भी ना हो

बस इतना अंश अपना बचा कर रखना,
बस इतना अंश,

मेरे कर्ण - कर्ण में छुपा कर रखना।

कोशिश

माना कि डर मुझे करता बेहाल है
कल की चिंता सताती
मानो कल दूर नहीं पर आज की बात है
पर आखिरकार एक कोशिश ही तो मेरे हाथ है

और जब तक मेरा भरोसा मेरे साथ है
तब तक मुझे इस बात पर विश्वास है

की फिर आएगी एक सुबह
जो मुकम्मल कर जाएगी
मेरे हर एक संघर्ष को,

कश्मकश से भरी हर एक रात को।

हरि

घूम रही ख्यालों में
आंखों में लिए आसूं भर
मुस्कान आ जाती चेहरे पर
सोच लू अगर उसे एक भी पल

जादू नहीं तो क्या है ये
मुश्किल में भी जो खड़ा है ये

देता सबर ये मुझे हर बार है
जैसे खड़ा ये मेरे साथ है

कभी सूरज की रोशनी बन
तो कभी चांद की चांदनी में
दिलाते मुझे ये यूं भरोसा है
की वक्त का पहिया कहा कभी रुकता है

उतर आते हैं अम्बर के बीचों बीच
हरने मेरा सारा डर

कुछ इस तरह हरि हैं मेरे

हमेशा मेरे संग।

PART VII – ACCEPTANCE & PEACE

Learning to stand with yourself

18. ठहराव...

Dreams are beautiful but reality is
always more beautiful than the dreams.

Focus on what you have and
not on what you don't.

Yes try to become the best
but in that quest
don't forget to enjoy who you are in the moment
and everything that you hold today.

It's not a forever.

Embrace it,
till it stays.

PART VIII – BEGINNING AGAIN

Because every ending is also a doorway

19. आगाज़..

एक बार के लिए तो
कोहरा भी तारों तक पहुँच जाता है
फिर मैं तो पूरा का पूरा स्वरूप हूँ आसमान का

कैसे नहीं पहुँचूँगी
इस ब्रह्मांड के हर एक सितारे और चांद तक ?

अगर हिम्मत नहीं हारी

अगर हिम्मत नहीं हारी
तो थक के बैठी होगी हार
और मुकाम तुम्हारा होगा

एक सवेरा ऐसा भी होगा
जब पूरा आसमान तुम्हारा होगा।

सब पा लोगे

शायद तुम सब पा कर खुश नहीं होगें
लेकिन अगर खुश होगे तो सब पा लोगे।

The story doesn't end here.
Another attempt has just begun.

www.ingramcontent.com/pod-product-compliance
Lightning Source LLC
Chambersburg PA
CBHW070644240926
51846CB00003BA/777
9789375273660